Festival della Cucina Romana

13 Primi
13 Secondi
13 Contorni
+ Bonus Dolci

Maria Del Re

Festival della Cucina Romana

13 Primi
13 Secondi
13 Contorni
+ Bonus Dolci

Maria Del Re

© Copyright 2021 by Maia Del Re - All rights reserved.

The following Book is reproduced below with the goal of providing information that is as accurate and reliable as possible. Regardless, purchasing this Book can be seen as consent to the fact that both the publisher and the author of this book are in no way experts on the topics discussed within and that any recommendations or suggestions that are made herein are for entertainment purposes only. Professionals should be consulted as needed prior to undertaking any of the action endorsed herein.

This declaration is deemed fair and valid by both the American Bar Association and the Committee of Publishers Association and is legally binding throughout the United States.

Furthermore, the transmission, duplication, or reproduction of any of the following work including specific information will be considered an illegal act irrespective of if it is done electronically or in print. This extends to creating a secondary or tertiary copy of the work or a recorded copy and is only allowed with the express written consent from the Publisher. All additional right reserved.

The information in the following pages is broadly considered a truthful and accurate account of facts and as such, any inattention, use, or misuse of the information in question by the reader will render any resulting actions solely under their purview. There are no scenarios in which the publisher or the original author of this work can be in any fashion deemed liable for any hardship or damages that may befall them after undertaking information described herein.

Additionally, the information in the following pages is intended only for informational purposes and should thus be thought of as universal. As befitting its nature, it is presented without assurance regarding its prolonged validity or interim quality. Trademarks that are mentioned are done without written consent and can in no way be considered an endorsement from the trademark holder.

Table of Contents

PRIMI — 9

01. Bucatini alla Amatriciana	10
02. Spaghetti (o rigatoni) alla carbonara	12
03. Spaghetti cacio e pepe	14
04. Spaghetti aglio, olio e peperoncino	16
05. Tagliatelle alla carrettiera	18
06. Fettuccine alla papalina	20
07. Fettuccine alla Ciociara	22
08. Pasta e fagioli	24
09. Pasta e ceci	26
10. Pasta alla checca	28
11. Penne alla arrabbiata	30
12. Minestra con il battuto	32
13. Quadrucci e piselli	34

SECONDI — 37

01. Filetti di baccalà	38
02. Abbacchio o capretto arrosto	40
03. Abbacchio o capretto brodettato	42
04. Costolette "scottadito"	44
05. Fritto alla romana	46
06. Saltimbocca alla romana	48
07. Pajata in umido	50
08. Coda alla vaccinara	52
09. Trippa	54
10. Coratella con carciofi	56
11. "Coppiette" al sugo	58
12. Baccalà alla trasteverina	60
13. Lumache di San Giovanni	64

CONTORNI   **67**

01. Bruschetta alla romana	68
02. Crostini filanti alle alici	70
03. Piselli al guanciale	72
04. Carciofi alla romana	74
05. Misticanza	76
06. Pomodori di riso	78
07. Zucchine ripiene	80
08. Peperoni ripieni	82
09. Cicoria strascinata	84
10. Funghi arrosto	86
11. Fagioli con le cotiche	88
13. Fave al Guanciale	92

EXTRA RICETTE DOLCI   **95**

Bignè di San Giuseppe	96
Maritozzi con la panna	98
Frittelle zuccherate	100
Gelato di ricotta	102
Zuppa dolce romana	104

PRIMI

01. Bucatini alla Amatriciana

Ingredienti (per 4 persone)

bucatini gr.400	sale, pepe
guanciale affumicato gr.100	cipolla
pancetta tesa gr.40	olio d'oliva
6 pomodori (maturi)	vino
pecorino romano	

Vino consigliato: 40/45 minuti
Tempi di preparazione: rosatello Cerveteri

PREPARAZIONE: Tagliare a fettine fine mezza cipolla, tagliare a cubetti sia il guanciale che la pancetta, lavare i pomodori e asciugarli, quindi tagliarli a pezzi.

COTTURA: Portare ad ebollizione la pentola per la cottura della pasta. In un tegame mettere un po' d'olio di oliva e far scaldare bene, aggiungere la cipolla e far imbiondire, quindi aggiungere il guanciale e la pancetta, lasciare appena scottare versare 1/4 di bicchiere di vino bianco e far evaporare. Regolare di sale e aggiungere un pizzico di pepe, mescolare bene il tutto con un cucchiaio di legno che sarà lasciato dentro la pentola durante tutta la cottura, coprire con il coperchio.

N.B. Il sugo deve cuocere a fuoco basso per circa 30 minuti. Scolare i bucatini e aggiungerli al sugo insieme al pecorino romano. Servire nei piatti.

02. Spaghetti (o rigatoni) alla carbonara

Ingredienti (per 4 persone)

spaghetti o rigatoni gr.400

guanciale o pancetta di maiale gr.120

3 uova, sale, pepe

cipolla

pecorino romano gr. 100

Vino consigliato: 30 minuti
Tempi di preparazione: bianco di Frascati

PREPARAZIONE: Tagliare la pancetta a dadini, sbattere le uova e aggiungere sale, pepe e un po' di pecorino grattugiato. Tagliare la cipolla a fettine fine.

COTTURA: Portare ad ebollizione la pentola per la cottura della pasta. Pochi minuti prima di calare la pasta, in un tegame mettere l'olio di oliva a scaldare aggiungere la cipolla e far imbiondire e poi anche la pancetta a rosolare. Scolare la pasta, versarla nel tegame, aggiungere **SUBITO** le uova sbattute e amalgamare velocemente il tutto.Servire nei piatti ben caldo e aggiungere altro pecorino grattugiato a piacere.

03. Spaghetti cacio e pepe

Ingredienti (per 4 persone)

spaghetti gr. 400

pecorino romano gr. 200

una noce di burro

sale, pepe

Vino consigliato: 40/45 minuti

Tempi di preparazione: bianco Marino

PREPARAZIONE E COTTURA: Cuocere gli spaghetti, scolarli non completamente lasciandoli leggermente brodosi. Aggiungere la noce di burro abbondante pecorino romano grattugiato e pepe. Amalgamare il tutto.

04. Spaghetti aglio, olio e peperoncino

Ingredienti (per 4 persone)

spaghetti gr. 400

aglio, olio, sale

peperoncino

prezzemolo fresco

Vino consigliato: bianco Frascati

Tempi di preparazione: 15/20 minuti

PREPARAZIONE E COTTURA: Portare ad ebollizione la pentola per la cottura della pasta. 6/7 minuti prima di scolare la pasta mettere in un tegame l'olio, l'aglio e peperoncino ad imbiondire scolare gli spaghetti e versarli nel condimento, girare bene e aggiungere il prezzemolo.

05. Tagliatelle alla Carrettiera

Ingredienti (per 4 persone)

tagliatelle gr. 400

funghi secchi gr. 40

olio d'oliva

aglio

ventresca di tonno gr. 100

peperoncino

pomodoro gr. 500

Vino consigliato: bianco Frascati

Tempi di preparazione: 30/35 minuti

PREPARAZIONE E COTTURA: Mettere i funghi secchi a bagno in acqua tiepida per farli rinvenire e poi scolarli con un passino. Portare ad ebollizione la pentola per la cottura della pasta. In un tegame mettere l'olio a scaldare aggiungere l'aglio tagliato a fette non troppo piccole e far imbiondire, aggiungere i funghi poi il tonno, il peperoncino, il pomodoro e regolare di sale. Lasciare restringere bene. Scolare la pasta e aggiungerla al condimento.

Servire subito.

06. Fettuccine alla Papalina

Ingredienti (per 4 persone)

fettuccine larghe gr. 400

prosciutto crudo gr. 100

burro gr. 100

panna gr. 50

cipolla

piselli 125 gr.

parmigiano gr. 100

2 uova

olio, sale, pepe

Vino consigliato: bianco Ariccia

Tempi di preparazione:

PREPARAZIONE: Tagliare a striscette il prosciutto, tagliare a fettine fine la cipolla, sbattere le uova con un pizzico di sale. Grattugiare il parmigiano.

COTTURA: Portare ad ebollizione la pentola per la cottura della pasta. In un tegame far sciogliere il burro, aggiungere la cipolla, il prosciutto a striscette, i piselli e anche le uova sbattute, unire il parmigiano grattugiato, regolare di sale e pepe fino a formare una salsa compatta. Aggiungere la panna. Scolare la pasta e amalgamarla nel tegame con il condimento.

07. Fettuccine alla Ciociara

Ingredienti (per 4 persone)

fettuccine gr. 400	olio, aglio, sale, pepe
sugo di carne in umido	parmigiano
prosciutto crudo gr. 100	grattugiato q.b.
funghi gr. 70	prezzemolo fresco
piselli 1 scatola	

Vino consigliato: bianco di Colleferro
Tempi di preparazione: 40/45 minuti

PREPARAZIONE: Tagliare a striscioline il prosciutto crudo. In un pentolino mettere l'olio e il prosciutto a far rosolare, aggiungere i piselli e far cuocere per 15/20 minuti.
In un altro tegame far rosolare 1 spicchio d'aglio con un po' d'olio aggiungere i funghi e far cuocere per 15/20 minuti.
Salare a piacere e grattugiare il parmigiano.
COTTURA: Portare ad ebollizione la pentola per la cottura della pasta. Una volta cotti aggiungere i funghi ai piselli e del sugo in umido preparato precedentemente. Scolare la pasta e aggiungerla al condimento e mantecare il tutto. Aggiungere il parmigiano grattugiato e una spruzzata di prezzemolo fresco.

*****N.B.** Lo spicchio d'aglio va tolto prima della fine della cottura dal pentolino con i funghi.

08. Pasta e fagioli

Ingredienti (per 4 persone)

fagioli freschi gr. 400

pasta corta da minestrone gr. 200

cotiche di prosciutto gr. 100 (in alternativa pancetta o guanciale)

pomodori maturi gr. 250 (scolati)

sedano, cipolla

prosciutto crudo gr. 50

olio, sale, pepe

Vino consigliato: Colli Albani

Tempi di Preparazione: circa 2 ore

PREPARAZIONE E COTTURA: Far lessare i fagioli in acqua e sale per circa 1 ora e mezza. Mezz'ora prima della fine della cottura aggiungere le cotiche tagliate a pezzi. In un tegame mettere l'olio, cipolla tritata e aggiungere il prosciutto, il sedano a pezzetti e i pomodori e far cuocere il tutto per 20 minuti a fuoco lento aggiungere sale e pepe q.b.; aggiungere il composto 1/4 d'ora prima della fine della cottura dei fagioli. Quindi aggiungere la pasta, far addensare e terminare la cottura. Servire caldo.

N.B. A seconda dei gusti aggiungere parmigiano o pecorino grattugiati.

09. Pasta e ceci

Ingredienti (per 4 persone)

ceci secchi gr. 250

pasta corta da minestrone gr. 250

pomodoro gr. 100 (scolati)

olio, sale, pepe

rosmarino, aglio

PREPARAZIONE: Mettere a bagno i ceci una notte prima in abbondante acqua leggermente salata.

COTTURA: Mettere in una pentola 1 litro, 1 litro e mezzo di acqua e quando bolle aggiungere sale, rosmarino, il pomodoro e l'aglio tagliato a fettine ed i ceci. Far cuocere il tutto per circa 1 ora, aggiungere quindi la pasta e terminare la cottura.

N.B. a chi piace può fare un soffritto con della pancetta a dadini, un po' di conserva di pomodoro e pepe e aggiungerlo prima di fine cottura ai ceci insieme alla pasta.

10. Pasta alla checca

Ingredienti (per 4 persone)

farfalle gr. 400

mozzarella gr. 200

caciotta romana dolce gr. 100

4 pomodori maturi

basilico, olio d'oliva

sale, pepe

Vino consigliato: bianco frizzantino di Velletri

Tempi di preparazione: 15/20 minuti

PREPARAZIONE: Tagliare a dadini la mozzarella, la caciotta romana e i pomodori.

COTTURA: Portare ad ebollizione la pentola per la cottura della pasta. In un piatto mettere la mozzarella e la caciotta romana, i pomodori, il basilico fresco olio d'oliva, sale e pepe. Scolare la pasta e versarla nella terrina con il condimento e mescolare bene.

N.B. Adagiare il piatto con il composto al posto del coperchio della pentola della pasta per farlo riscaldare per tutta la durata della cottura della pasta.

11. Penne alla arrabbiata

Ingredienti (per 4 persone)

penne gr. 400

pomodoro gr. 500

aglio, olio

prezzemolo fresco

peperoncino

Vino consigliato: rasatello di Cisterna

Tempi di preparazione: 40/45 minuti

PREPARAZIONE E COTTURA: Portare ad ebollizione la pentola per la cottura della pasta. In un tegame mettere l'olio e l'aglio, tagliato a fettine non troppo fine ad imbiondire, aggiungere il peperoncino in abbondanza poi il pomodoro e far cuocere per circa 30 minuti. Regolare di sale. Scolare la pasta e versarla nel sugo ben caldo. Servire nei piatti cospargendo con prezzemolo fresco.

12. Minestra con il battuto

Ingredienti (per 4 persone)

pancetta magra gr. 50

aglio, sedano

pomodoro gr. 100 (scolati)

prezzemolo

carota

pasta corta gr. 200

parmigiano grattugiato

Vino consigliato: bianco di Frascati

Tempi di preparazione: 30/40 minuti

PREPARAZIONE E COTTURA: In un tegame far colorire la pancetta a cubetti, a fuoco basso, con uno spicchio di aglio, un cucchiaio di prezzemolo, 2 gambi di sedano, i pomodori e 2 carote. Regolare di sale e far cuocere per 20 minuti solo alla fine aggiungere la minestra preparata in precedenza a piacere vostro.

BREVE NOTA: il battuto e' un condimento antico che nella cucina romana classica ed e' usato in quasi tutte le minestre e zuppe.

13. Quadrucci e piselli

Ingredienti (per 4 persone)

piselli gr. 300

quadrucci all'uovo gr. 300

guanciale o pancetta gr. 100

pomodoro gr. 200 (scolato)

olio, sale, pepe

Vino consigliato: bianco di Capena

Tempi di preparazione: 35/40 minuti

PREPARAZIONE: Tagliare la pancetta a dadini.

COTTURA: In un tegame mettere dell'olio a far colorire con la pancetta. Aggiungere il pomodoro, acqua a sufficienza e far cuocere per 10 minuti. Aggiungere i piselli scolati, sale e pepe q.b. e quando saranno cotti, dopo circa 20 minuti, aggiungere i quadrucci all'uovo per terminare la cottura, servire calda.

SECONDI

01. Filetti di baccalà

Ingredienti (per 4 persone)
filetti di baccalà gr. 800
farina gr. 300
sale, olio d'oliva

Vino consigliato: bianco di Montecompatri
Tempi di preparazione: 30 minuti

PREPARAZIONE E COTTURA: In una ciotola preparare una pastella composta di farina, acqua e sale. Mescolare con un cucchiaio di legno, deve risultare omogenea e senza grumi. Lasciarla riposare per circa 10 minuti.

Mettere una padella con l'olio d'oliva sul fuoco a scaldare, quindi passare i filetti di baccalà nella pastella e subito cuocerli nell'olio ben caldo.

02. Abbacchio o capretto arrosto

Ingredienti (per 4 persone)

carne di agnello o capretto Kg 1

olio d'oliva

rosmarino, aglio

sale, pepe

patate gr.500

mezzo bicchiere di vino rosso

Vino consigliato: rosso Acilia

Tempi di preparazione: 2 ore circa

PREPARAZIONE E COTTURA: Sistemare il pezzo di carne in una teglia unta d'olio e cosparsa sul fondo di sale, aggiungere il mezzo bicchiere di vino e 4 spicchi d'aglio ai lati della teglia, leggermente schiacciati con le mani e con tutta la buccia. Tagliare le patate a spicchi grossi, lavarle e asciugarle e sistemarle intorno alla carne. Condire con sale, pepe, olio, qualche ciuffetto di rosmarino. Passare in forno a 200/220° per circa 2 ore, finché la carne sia ben dorata (controllare di tanto in tanto la cottura).Circa a metà cottura girare bene il tutto.

*** Anticamente si cospargeva la carne di strutto.

03. Abbacchio o capretto brodettato

Ingredienti (per 4 persone)

agnellino da latte Kg 1

prosciutto gr. 100

cipolla, sale, pepe

olio d'oliva, prezzemolo

farina, maggiorana

3 uova, vino bianco

succo di limone

Vino consigliato: Zagarolo

Tempi di preparazione: 1 ora e 30 minuti

PREPARAZIONE E COTTURA: Far colorire a fuoco moderato la carne a pezzi in un tegame con olio d'oliva prosciutto tagliato a dadini e mezza cipolla tritata regolare di sale. Quando la carne sarà cotta, dopo circa 40 minuti, far addensare unendo un cucchiaio di farina, mescolando e bagnando con mezzo bicchiere di vino. Quando il vino sarà evaporato coprire con acqua calda, aggiungendone ancora se si asciuga troppo, facendo cuocere a fuoco basso e con il coperchio. Si dovrà ottenere, a cottura ultimata, una salsa densa.

Poco prima di portate in tavola versare sulla carne 2 o 3 rossi d'uovo sbattuti e diluiti con succo di limone, prezzemolo e maggiorana tritati. Mescolare e far addensare sempre a fuoco basso. Servire questo piatto caldissimo.

04. Costolette "scottadito"

Ingredienti (per 4 persone)
Costolette di abbacchio
olio d'oliva
sale, pepe
un limone tagliato a spicchi

Vino consigliato: Monteporzio Catone
Tempi di preparazione: 10/15 minuti

PREPARAZIONE E COTTURA: Allineare sulla gratella le costolette unte con un po' d'olio e condire con sale e pepe. Farle cuocere da una parte e dall'altra e servirle subito ancora caldissime.
N.B. Lo spicchio di limone va sistemato sul piatto.

*** Questo piatto, famoso nel Lazio, rivela più di ogni altro l'antica origine e la semplicità della tradizione gastronomica di questa regione.

05. Fritto alla romana

Ingredienti (per 4 persone)

2 carciofi

cervella di abbacchio gr. 100

animelle d'abbacchio gr. 100

fegato di vitello gr. 100

mozzarella gr. 100

ortaggi di stagione gr. 100

olio d'oliva

farina gr. 300, sale

3 uova sbattute

Vino consigliato: Marino

Tempi di preparazione: 30/35 minuti

PREPARAZIONE E COTTURA: Il tradizionale fritto misto alla romana è un piatto gustoso, raffinato e variato a seconda degli ingredienti di stagione.

Gli ingredienti tagliati a pezzetti si passano prima nella farina e poi nell'uovo sbattuto (ricordarsi di mettere il sale).

N.B. Le cervella e le animelle andranno prima pulite e bollite in acqua e aceto.

La mozzarella può sostituire le cervella e le animelle.

I carciofi possono essere sostituiti da altri ortaggi: cavolfiori, melanzane, filetti di zucchine, cardi, ovoli affettati.

06. Saltimbocca alla Romana

Ingredienti (per 4 persone)

fettine di vitello sottili gr. 500

prosciutto crudo gr. 200

burro, salvia

sale, pepe

Vino consigliato: Cerveteri

Tempi di preparazione: 15/20 minuti

PREPARAZIONE E COTTURA: Spianare le fettine e posare su ognuna una foglia di salvia fresca e una fettina di prosciutto crudo che fermerete con uno stecchino. Far colorire la carne in una padella con un pò di burro sciolto, sale e pepe. Far cuocere a fuoco vivace per pochi minuti.

Appena la carne avrà preso colore rigirarla e disporla su un piatto.

Aggiungere al fondo di cottura un cucchiaio di acqua e una noce di burro.

Appena il burro sarà liquefatto versare la salsa sulla carne.

Servire i saltimbocca caldissimi.

07. Pajata in umido

Ingredienti (per 4 persone)
intestino di bue di vitello o agnello Kg 1
carote, sedano e cipolla
sale, vino bianco
salsa di pomodoro gr. 300

Vino consigliato: Frascati
Tempi di preparazione: 2 ore circa

PREPARAZIONE E COTTURA: La pajata è una parte dell'intestino di bue, del vitello o dell'agnello. Tagliarla a pezzetti e legare le estremità con un filo formando delle ciambelline. Far colorire la carne in un trito di sedano, carote e cipolle tagliati finemente bagnarla con un bicchiere di vino, quando il vino sarà evaporato aggiungere il pomodoro e regolare di sale.
Far cuocere a fuoco basso per circa 2 ore aggiungendo acqua finché non si formerà un sugo denso e saporito con il quale si potrà anche condire la pasta.

Pasta consigliata: rigatoni

08. Coda alla vaccinara

Ingredienti (per 4 persone)

coda di vaccina Kg 1

sedano, cipolla, carota, aglio

olio d'oliva, sale

pepe, prezzemolo

vino rosso mezzo bicchiere

salsa di pomodoro gr. 300

Vino consigliato: Velletri

Tempi di preparazione: 2 ore e 15 minuti

PREPARAZIONE E COTTURA: Far colorire la carne in un tegame con: olio e trito di cipolla, sedano, carota, aglio e prezzemolo, tagliati finemente. Regolare di sale e pepe. Quando la carne sarà colorita versare il 1/2 bicchiere di vino rosso e non appena sarà evaporato aggiungere la salsa di pomodoro. Aggiungere sempre acqua e far cuocere a fuoco basso e con il coperchio per circa 2 ore fino a che il sugo diventi denso.

09. Trippa

Ingredienti (per 4 persone)

trippa Kg. 1 (possibilmente già precotta)

cipolla, sedano, carota

mentuccia romana fresca

olio, sale, pepe

pecorino romano grattugiato

sugo d'umido gr. 300

Vino consigliato: Zagarolo

Tempi di preparazione: 40/45 minuti

PREPARAZIONE E COTTURA: Tagliare a pezzetti la trippa già lessa, In un tegame insieme all'olio d'oliva mettere carota, sedano e cipolla tagliate grossolanamente e far rosolare per pochi minuti.

Quindi aggiungere il sugo in umido di carne di manzo (oppure preparato con dei pezzi di prosciutto crudo) alla trippa, regolare di sale e pepe.

Far cuocere il tutto per circa 30 minuti a fuoco basso con il coperchio.

Servire calda con aggiunta di mentuccia romana fresca e pecorino grattugiato.

10. Coratella con carciofi

Ingredienti (per 4 persone)

4 carciofi

coratella d'agnello gr. 500

olio d'oliva

sale, pepe, limone

Vino consigliato: Frascati

Tempi di preparazione: 40/45 minuti

PREPARAZIONE E COTTURA: Tagliare a spicchi i carciofi e farli cuocere in padella con un cucchiaio di olio d'oliva per circa 20/25 minuti. Se durante la cottura dovessero colorirsi troppo bagnarli con un po' d'acqua. Regolare di sale e pepe. Unire i carciofi alla coratella, che si sarà fatta cuocere a parte con un po' olio per circa mezz'ora, ed aggiungere a fine cottura, il sugo di mezzo limone. Far cuocere il tutto per altri 10 minuti.

Il composto dovrà risultare né troppo asciutto né troppo molle.

11. "Coppiette" al sugo

Ingredienti (per 4 persone)

polpa di manzo tritata gr. 300

aglio, prezzemolo

maggiorana, prosciutto

noce moscata, sale, pepe

grasso di prosciutto

olio d'oliva, pomodoro

uova, pan grattato

parmigiano grattugiato

Vino consigliato: Marino

Tempi di preparazione: 30/35 minuti

PREPARAZIONE E COTTURA: Queste polpette si possono preparare con carne cruda o con carne bollita. In entrambi i casi formare un composto di carne tritata, grasso di prosciutto, aglio prezzemolo, maggiorana noce moscata, mollica di pane bagnata d'acqua e poi strizzata, uova, parmigiano grattugiato.
Formare con le mani bagnate le polpette, passarle nel pan grattato e friggerle.
Allinearle in un tegame su uno strato di sugo d'umido o di sugo "finto", preparato con pomodoro, cipolla, sedano, carota, brodo, sale e pepe, e far sobbollire per qualche minuto.

12. Baccalà alla trasteverina

Ingredienti (per 4 persone)

baccalà già ammollato gr. 800

farina bianca gr.200

cipolle affettate gr. 400

1 spicchio di aglio leggermente schiacciato

1 acciuga dissalata e diliscata

1 cucchiaio di capperi sciacquati

1 cucchiaio di uvetta ammollata

1 cucchiaio di pinoli

1 cucchiaio di prezzemolo tritato

olio d'oliva

1 spruzzata di succo di limone

sale, pepe

Vino consigliato: bianco dei Castelli Romani

Tempi di preparazione: 20/25 minuti

PREPARAZIONE E COTTURA: Sciacquare il baccalà, asciugatelo e tagliatelo a pezzi; infarinateli, scuotendo per togliere l'eccesso di farina e friggeteli in qualche cucchiaio di olio. Quando saranno dorati e croccanti da ambo le parti, scolateli e teneteli al caldo. Nello stesso condimento aggiungere ancora un po' d'olio e fatevi imbiondire lo spicchio d'aglio; toglietelo, poi appassitevi le cipolle con un pizzico di sale mettendo il coperchio. Aggiungete quindi i capperi, l'uvetta ammollata in acqua tiepida e i pinoli; fare sciogliere, fuori dal fuoco, l'acciuga. Ricoprire il fondo di una teglia con questo composto e disponetevi sopra i pezzi di baccalà irrorandoli con l'olio del sugo.

Infornare a 220° per qualche minuto, togliere la teglia dal forno, distribuire il prezzemolo tritato, spruzzate con succo di limone e servire subito.

*** E' una preparazione particolarmente gustosa anche senza uvetta e pinoli.

13. Lumache di San Giovanni

Ingredienti (per 4 persone)

48 lumache con il guscio

olio d'oliva

2 spicchi d'aglio

acciughe sott'olio

1 scatola di pomodori pelati da gr. 500

un pizzico di peperoncino rosso

mentuccia romana fresca

sale, pepe

Vino consigliato: Fiorano bianco

Tempi di preparazione: 5 ore

PREPARAZIONE E COTTURA: Se acquistate le lumache la preparazione è: immergerle prima in abbondante acqua fredda, scolatele e rimettetele quindi in un recipiente con sale grosso, aceto e un po' di farina; lasciatele spurgare per circa 2 ore scuotendole di tanto in tanto. Lavatele ancora in abbondante acqua ripetendo più volte il lavaggio. Scolatele, mettetele in una casseruola, coprite con dell'acqua fredda e fate prendere l'ebollizione a fuoco basso.

Appena le lumache usciranno dal guscio fatele cuocere per circa 8 minuti a fuoco vivo. Scolatele e passatele sotto l'acqua fredda.

Rimettetele in una casseruola, ricopritele abbondantemente di acqua e vino bianco in dosi uguali, aggiungetevi 8 gr. Di sale grosso per ogni litro di liquido, delle carote tagliate grossolanamente, cipolla e degli spicchi d'aglio e pepe in grani. Portate ad ebollizione a fuoco moderato e mantenete la cottura per circa 2 ore / 2 ore e mezza a seconda della grandezza delle lumache.

Quando saranno cotte scolatele, togliete le lumache dal guscio, e eliminate la parte nera che si trova all'estremità. Ponete in un tegame dell'olio e fate soffriggere l'aglio, appena sarà dorato toglietelo, unite le acciughe e schiacciatele con un cucchiaio di legno, aggiungere i pomodori spezzettati, regolare di sale e pepe rigirare e far addensare leggermente la salsa, unite la mentuccia e il peperoncino lasciate insaporire per 5 minuti, aggiungete le lumache e lasciatele cuocere a fuoco moderato per circa 30 minuti. Servite in tavola.
BUON APPETITO!!!

*** Se le lumache vengono raccolte in giardino è necessario innanzitutto spurgarle rinchiudendole per 2/3 giorni in un recipiente dove possa entrare l'aria e mettendo loro a disposizione qualche foglia di insalata, un po' di mollica di pane bagnata nell'acqua e poi strizzata.

CONTORNI

01. Bruschetta alla Romana

Ingredienti (per 4 persone)
4 fette di pane casereccio
(meglio se del giorno prima)
2 spicchi di aglio schiacciato
4 cucchiai di olio d'oliva
sale, pepe

Vino consigliato: Frascati
Tempi di preparazione: 5/10 minuti

PREPARAZIONE E COTTURA: Fate abbrustolire da ambo le parti le fette di pane casereccio su una graticola, poi strofinate accuratamente con gli spicchi di aglio schiacciato, quindi adagiatele su un piatto, conditele con sale e generoso pepe nero macinato al momento, irroratele con profumato olio d'oliva e servitele ben calde.

02. Crostini filanti alle alici

Ingredienti (per 4 persone)

mozzarella gr. 320
burro gr. 160
alcune fette di pane casereccio
3 alici dissalate
mezzo bicchiere di latte
poco sale, pepe

Vino consigliato: Frascati

Tempi di preparazione: 30 minuti

PREPARAZIONE E COTTURA: Ritagliate a fettine uniformi sia la mozzarella che il pane, spolverizzate leggermente con una presa scarsa di sale (tenendo conto delle acciughe salate) e di pepe macinato al momento, poi infilzatele, alternandole su quattro spiedini di ferro badando che ciascuna fettina di mozzarella risulti bene aderente al pezzetto di pane e terminando con quest'ultimo ogni spiedino. Appoggiate le estremità degli spiedini sui bordi di una teglia rotonda, in modo che rimangano sollevati dal fondo del recipiente. Fateli cuocere poi in forno ben caldo per 20 minuti, pennellandoli o irrorandoli con burro fuso. Quando i crostini incominceranno ad essere dorati in modo uniforme, fate fondere dolcemente in un tegamino il burro rimasto con tre filetti di acciuga dissalati e sminuzzati. Lasciate sciogliere bene, a calore basso, rigirando con il cucchiaio di legno, poi diluite il composto con mezzo bicchiere di latte caldo. Date un'ultima mescolata alla saletta, quindi versatela sui crostini, che avrete già disposto in un piatto di portata riscaldato.

03. Piselli al guanciale

Ingredienti (per 4 persone)
piselli romaneschi freschi Kg. 1
guanciale gr. 200
cipolla, olio d'oliva
sale, pepe
brodo 1 bicchiere

Vino consigliato: Colli Albani
Tempi di preparazione: 25/30 minuti

PREPARAZIONE E COTTURA: Versare i piselli sgranati in un tegame in cui sarà stata fatta appassire nell'olio la cipolla, condire con sale e pepe e qualche cucchiaio di brodo. Far cuocere per 15 minuti, aggiungere il guanciale tagliato a dadini e lasciar cuocere ancora per altri 5 minuti con il coperchio e il cucchiaio di legno infilato nel tegame.

*** I piselli romaneschi dolcissimi così preparati si servivano anticamente con crostini di pane fritto.

04. Carciofi alla romana

Ingredienti (per 4 persone)

4 carciofi grandi

1 limone

prezzemolo

olio d'oliva

aglio, mentuccia romana

sale, pepe

Vino consigliato: Colli Albani

Tempi di preparazione: 1 ora e 15 minuti

PREPARAZIONE E COTTURA: Pulire bene i carciofi togliendo la parte più dura e tagliando il gambo a 4 cm dalla testa. Aprire i carciofi e togliere il fieno al centro e farcirli con un trito di prezzemolo aglio, mentuccia fresca, olio, sale e pepe. Sistemarli capovolti in una pirofila dai bordi alti in modo che stiano bene attaccati, salarli, coprirli d'acqua e aggiungere qualche cucchiaio di olio.

Cuocere in forno a 160° per circa 1 ora.

Servirli anche freddi.

*** Alcune ricette indicano di aggiungere un po' di vino bianco secco verso fine cottura. Possono essere cotti anche sul fornello e comunque saranno pronti quando l'acqua si sarà completamente ritirata.

05. Misticanza

Ingredienti (per 4 persone)

vari tipi di insalate a scelta

olio d'oliva

sale, pepe

aceto o succo di limone

Tempi di preparazione: 5 minuti

PREPARAZIONE : La difficoltà sta nel fatto di procurarsi i vari tipi di insalate: una mescolanza di lattughe cerfoglio, ruchetta, caccialepre, valeriana, barba di frati, indivia, cicorie ecc....

A queste insalate si possono unire pezzettini di finocchio, di cipolla fresca, di ravanelli, di cuori di carciofo. Si condisce il tutto con olio d'oliva sale e aceto o succo di limone.

**** Anticamente questa misticanza la portavano a casa i frati passando a chiedere l'obolo alle famiglie. Nel XIII secolo questo piatto era conosciuto nel Lazio come insalata di mescolanza.

06. Pomodori di riso

Ingredienti (per 4 persone)

pomodori maturi tondi n. 8

riso 4 cucchiai

aglio, prezzemolo

basilico, origano

sale, pepe

olio d'oliva

qualche patata

Vino consigliato: Velletri

Tempi di preparazione: 1 ora

PREPARAZIONE E COTTURA: Lavare e tagliare i pomodori in senso orizzontale lasciando la parte inferiore più grande in modo che la parte superiore faccia da coperchio. Svuotarli e mettere la polpa tritata in una insalatiera.

Alla polpa unire aglio e erbe aromatiche tritate, sale, pepe, olio d'oliva, frullare il tutto, e mescolarvi il riso precedentemente lessato in acqua e sale.

Riempire con questo composto i pomodori che si saranno sistemati in una teglia da forno unta d'olio.

Coprire i pomodori con la loro stessa parte superiore (la calotta) e mettere degli spicchi di patata cruda tra un pomodoro e l'altro.

Aggiungere sopra dell'olio e infornare a forno caldo per 45 minuti a 170°. Sono buoni sia caldi che freddi.

07. Zucchine ripiene

Ingredienti (per 4 persone)

zucchine 8

polpa di manzo gr. 200

2 uova

mollica di pane

salsa di pomodoro

olio d'oliva

noce moscata

sale, pepe

parmigiano grattugiato

Vino consigliato: rosso Montecompatri

Tempi di preparazione: 1 ora

PREPARAZIONE E COTTURA: Mescolare la carne con il parmigiano, le uova gli aromi, la mollica di pane bagnata e strizzata, regolare di sale.

Farcire con il composto le zucchine svuotate e farle rosolare in un tegame con olio d'oliva a fiamma bassa. Aggiungere qualche cucchiaio di salsa di pomodoro diluita con un po' di acqua tiepida salare e cuocere a fiamma bassa a tegame coperto. Servire le zucchine sia calde che fredde.

Se le zucchine sono grandi possono essere tagliate a pezzi prima di svuotarle.

08. Peperoni ripieni

Ingredienti (per 4 persone)

8 peperoni polposi

3 panini raffermi

tonno sott'olio gr. 200

olive nere n. 16

sale, pepe

olio d'oliva

Vino consigliato: Olevano

Tempi di preparazione: 50 minuti

PREPARAZIONE E COTTURA: Riempire i peperoni tagliati a metà con un preparato formato di pane bagnato e strizzato tonno sbriciolato, olive snocciolate e tritate, sale e pepe. Sistemare i peperoni in una teglia da forno unta d'olio e cuocerli per 40 minuti a 170°. Si servono sia caldi che freddi.

09. Cicoria strascinata

Ingredienti (per 4 persone)
cicoria selvatica Kg 1
aglio, sale, pepe
olio d'oliva

Vino consigliato: Marino
Tempi di preparazione: 25 minuti

PREPARAZIONE E COTTURA: Lavare bene la cicoria, lessarla e regolare di sale, scolare e "ripassare" in padella la cicoria , con olio d'oliva e aglio.

Mescolare, aggiungere il pepe (o peperoncino) e far insaporire per 5 minuti a fuoco vivo. Servire la cicoria calda.

10. Funghi arrosto

Ingredienti (per 4 persone)
4 cappelle grandi di porcini
aglio, prezzemolo
olio di oliva
sale , pepe

Vino consigliato: Frascati
Tempi di preparazione: 25 minuti

PREPARAZIONE E COTTURA: Sistemare uno strato di funghi in una teglia da forno, cospargere di sale, pepe e un trito di aglio e prezzemolo,aggiungere un filo di olio. Mettere la teglia in forno caldo a 170° per circa 20 minuti. I funghi così preparati si possono cuocere anche alla griglia.

11. Fagioli con le cotiche

Ingredienti (per 4 persone)
fagioli (cannellini) gr. 300
pomodori pelati gr. 200
prosciutto crudo gr. 50
cotiche di prosciutto gr. 200
aglio, cipolla
olio d'oliva
prezzemolo
basilico
sale, pepe

Vino consigliato: Colonna
Tempi di preparazione: 25/30 minuti

PREPARAZIONE E COTTURA: Far colorire in un tegame un trito di prosciutto, aglio, prezzemolo, basilico e cipolla.
Unire i pomodori pelati spezzettati, salare e insaporire con il pepe. Aggiungere i fagioli e le cotiche che precedentemente saranno state lessate per 15 minuti con un po' della loro acqua. Incoperchiare e cuocere per circa 20 minuti.

*** Se si usano fagioli secchi si devono lasciare a bagno 1 notte prima di lessarli.

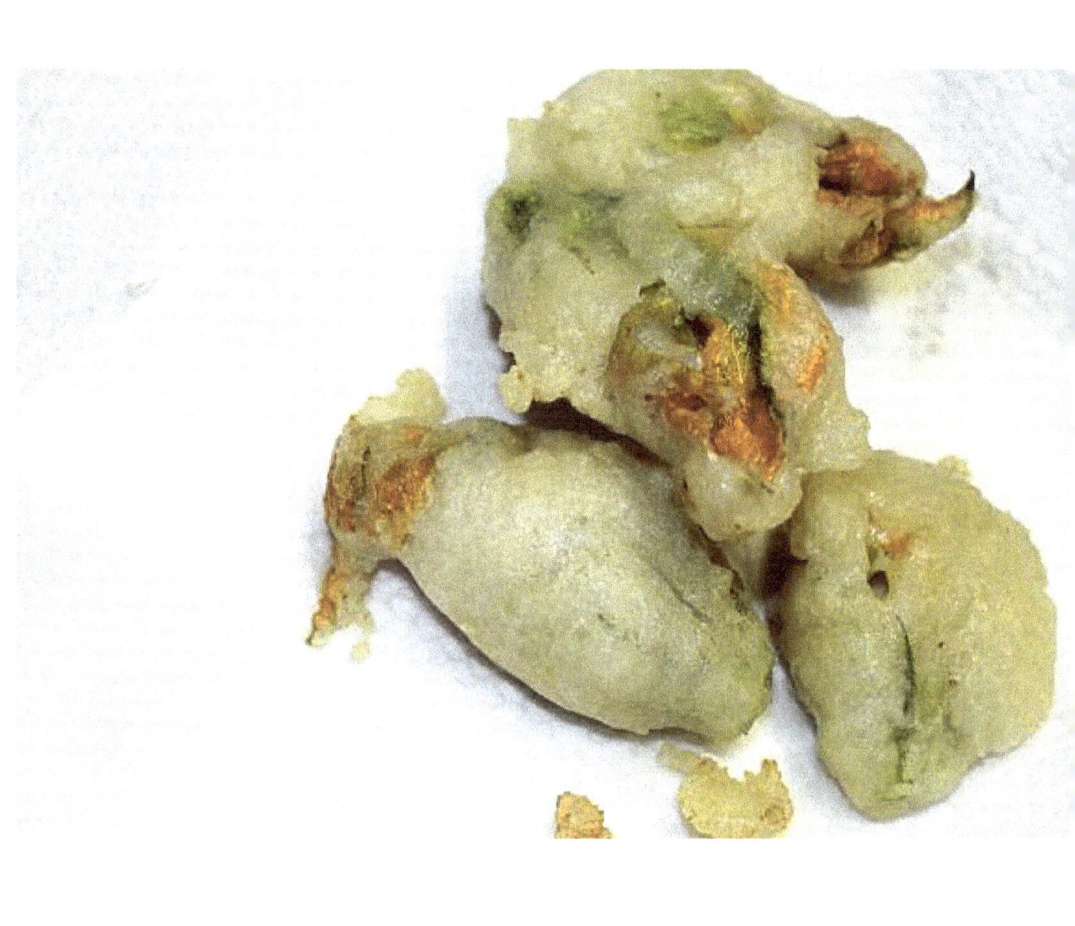

12. Fiori di zucca fritti

Ingredienti (per 4 persone)

fiori di zucca n. 8

mozzarella gr. 100

prosciutto gr. 50 o alici

1 uovo

farina, sale

olio d'oliva

farina gr.200

Vino consigliato: Zagarolo

Tempi di preparazione: 20/25 minuti

PREPARAZIONE E COTTURA: Togliere ai fiori di zucca il pistillo, lavarli e riempirli con un pezzetto di mozzarella e uno di prosciutto, o (alici) immergerli in una ciotola larga in cui si sarà preparata una pastella elastica (farina, acqua, sale e l'uovo sbattuto) con un cucchiaio sollevarli delicatamente e friggerli in olio bollente, farli asciugare su carta assorbente e portarli subito in tavola o tenerli in caldo nel forno.

13. Fave al Guanciale

Ingredienti (per 4 persone)

600 gr di fave romanesche fresche prive del baccello

100 gr di guanciale tagliato a pezzi

1 piccola cipolla tritata

3 cucchiai di olio extravergine di oliva

sale e pepe q.b.

Vino consigliato: Castelli romani

Tempi di preparazione: 15/20 minuti

PREPARAZIONE E COTTURA: Tritare finemente la cipolla e soffriggerla insieme al guanciale tagliato a tocchetti non eccessivamente piccoli insieme all'olio. Aggiungere le fave prive del baccello insieme a qualche cucchiaio di acqua. Salare e pepare. Se le fave sono fresche si cuoceranno a puntino in circa 15 o 20 minuti.

Accompagnare il nostro piatto di fave col guanciale alla romana con un buon vino dei Castelli Romani e una fetta di pane casareccio.

Extra ricette Dolci

Bignè di San Giuseppe

Ingredienti

farina gr. 250

zucchero semolato gr. 25

8 uova

burro gr. 150

olio d'oliva

Vino consigliato: moscato di Frascati

Tempi di preparazione: 1 ora e 30 minuti

PREPARAZIONE E COTTURA: Far bollire in un tegame un quarto di litro d'acqua, il burro, lo zucchero, un pizzico di sale. Togliere la pentola dal fuoco e unirvi tutta in una volta la farina mescolando continuamente con un cucchiaio di legno. Rimettere sul fuoco mescolando continuamente finché il composto asciugato, si staccherà dalle pareti. Ritirare il tegame dal fuoco, far intiepidire e unire una alla volta le uova. Far riposare l'impasto che dovrà risultare morbido. Friggere i bignè versandoli a cucchiaini in abbondante olio d'oliva e cuocendone pochi per volta. Farli asciugare su carta assorbente. Sistemarli a piramide su un piatto e spolverarli di zucchero a velo. Si servono anche ripieni di crema o di ricotta lavorata con zucchero, crema di latte liquore, secondo la più antica tradizione romana.

Maritozzi con la panna

Ingredienti

farina gr. 300	cedro candito gr. 50
uva passa gr. 100	pasta da pane gr. 50
zucchero semolato gr. 50	olio d'oliva
pinoli gr. 50	sale, 2 uova

Vino consigliato: Vinsanto
Tempi di preparazione: 1 ora

PREPARAZIONE E COTTURA: Lavorare la pasta da pane con 100 gr. di farina, un pizzico di sale, un cucchiaio di olio e un uovo intero. Farne una palla metterla in una ciotola e coprire con un tovagliolo. Far lievitare in luogo tiepido per 4 ore. Rimettere quindi la pasta sulla spianatoia, unire la rimanente farina gr. 40 d'olio, lo zucchero, il sale e l'altro uovo. Impastare incorporandovi un po' di acqua calda (l'impasto dovrà risultare morbido).Unire l'uvetta, fatta rinvenire in acqua tiepida e poi asciugata su un canovaccio, i pinoli, il cedro tritato.

Lavorare a lungo la pasta, formare i panini, farli lievitare ancora per 6 ore poi cuocerli per 15 minuti nel forno caldo a 180°. Farcirli a piacere con panna o ricotta "inzuccherata".

*** Erano i dolci tradizionali della Quaresima e venivano offerti con del vino bianco.

Frittelle zuccherate

Ingredienti

(per 30 frittelle)

pasta da pane gr. 100

farina gr. 150

acqua tiepida 1 bicchiere

sale, olio d'oliva

zucchero a velo gr. 50

qualche mela

Vino consigliato: moscato di Frascati

Tempi di preparazione: 30/35 minuti

PREPARAZIONE E COTTURA: Lavorare la pasta di pane per 20 minuti con farina e un pizzico di sale e acqua tiepida. Formare una pasta vellutata ed elastica e farla riposare in luogo tiepido coprendo con un panno per circa 7 ore.

Quando sarà di nuova lievitata prenderne dei pezzi grandi come noci con le dita bagnate, schiacciare dando forma di una ciambellina e far dorare in olio caldo.

Asciugare su carte da pane e portare in tavola calde cosparse di zucchero. In mancanza di pasta da pane formare in una insalatiera una pastella molto stretta con le uova, latte, farina e una punta di lievito in polvere. Immergere le fette di mele e far dorare in padella girando le frittelle per farle dorare dalle due parti.

Gelato di ricotta

Ingredienti

ricotta gr. 500

5 uova

zucchero semolato gr. 100

rum o cognac

Vino consigliato: Fontana Candida

Tempi di preparazione: 15/20 minuti

PREPARAZIONE: Mescolare in una terrina i tuorli e lo zucchero fino ad ottenere un composto cremoso. Unirvi il liquore e la ricotta passata al setaccio. Versare il composto in uno stampo foderato di carta oleata o da frigorifero e lasciarlo in frigo per almeno 3 ore. Capovolgere lo stampo su un piatto da portata. Il segreto di questo dolce è nella ricotta che deve essere freschissima.

Zuppa dolce romana

Ingredienti (per 4 persone)

1 trancio di pan di Spagna di gr. 600

zucchero semolato gr. 200

zucchero a velo gr. 300

6 uova

farina gr. 100

latte 1 litro

2 bicchierini di Sambuca

12 ciliegine candite per decorare

Vino consigliato: moscato di Frascati

Tempi di preparazione: 45/50 minuti

PREPARAZIONE E COTTURA: Mettere mezzo bicchiere di latte a scaldare in una casseruola; versare in un'altra casseruola i tuorli d'uovo (tenendo da parte l'albume), lo zucchero semolato e la farina. Sbattete il composto con una frusta aggiungendo, poco alla volta, tutto il latte freddo. Alla fine unite, sempre mescolando, anche il latte in ebollizione. Mettere allora sul fuoco la casseruola col composto appena preparato e senza mai stancarvi di mescolare, attendere che la crema giunga al punto di ebollizione, lasciandola poi bollire ancora per circa un paio di minuti. Versare infine la crema in una terrina, mescolatela nuovamente e fatela poi raffreddare. Tagliate a fette sottili il pan di Spagna, stendetene una metà su una larga pirofila che avrete prima spennellato con la crema preparata. Innaffiate le fette di pan di Spagna con un bicchierino di Sambuca e poi versate la crema dandole una forma a cupola (vedi foto 2), quindi copritela con le rimanenti fette di pan di Spagna, che inzupperete con l'altro bicchierino di Sambuca. Montate, a questo punto, gli albumi a neve ferma, quindi amalgamateli con lo zucchero a velo. Versate gli albumi (mettendone da parte però 3 o 4 cucchiaiate) sul dolce (vedi foto 3) e stendeteli bene aiutandovi con una spatola. Mettete il rimanente albume nella tasca da pasticciere, con bocchetta spizzata quindi decorare a piacere il dolce, guarnendolo inoltre con le ciliegine candite e spolverizzandolo con lo zucchero a velo.

Mettete il dolce in forno alla temperatura di 180° e lasciatelo per 20 minuti.

Toglietelo dal forno e fatelo raffreddare prima di servirlo.